Moni Reinsch

Menü mit tödlichen Zutaten

Moni Reinsch

Menü mit tödlichen Zutaten

Schmackhaftes,

Literarisches

und Wissenswertes

aus der Giftküche

REIN*SCH*RIFT Edition

Originalausgabe
©2017 **REIN*SCH*RIFT** Edition, Trier
www.reinschrift.eu
E-Mail: moni@reinschrift.eu
Umschlaggestaltung: Stefanie Radtke, zoradesign
Umschlagfoto:© Christos Georghiou bei
www.shutterstock.com
Fotos: Moni und Marcus Reinsch, Britta Krein, Maria Gapp
Herstellung und Verlag:
BoD – Books on Demand, Norderstedt
ISBN 978-3-744-89512-5

Inhalt

Was erwartet Sie

Menü mit tödlichen Zutaten? Warum sollte ich das essen wollen?

Erst einmal treibt mich die Neugierde um. Das Morbide, das vielleicht in mir schlummert. Und dann natürlich die Freude am Kochen und am Essen.

Dieses Buch ist keine Anleitung, wie Sie jemanden mit einem leckeren Essen töten können. Vielmehr sensibilisiert Sie dieses Buch, was Sie beim Kochen und beim Essen beachten sollten, damit Ihr Menü keine unangenehmen Folgen hat.

Alle Zutaten, mit denen wir in diesem Buch nach Rezepten von Hildegard Scholtes kochen, sind natürlich völlig ungefährlich, SOFERN man gewisse Richtlinien beachtet. Und damit ist nicht nur die übliche Küchenhygiene gemeint. Die meisten Zutaten sind wohl bekannt, aber wissen Sie, was wie verwendet werden darf?

Lebensmittelallergien bleiben hier unberücksichtigt, darauf muss jeder selbst achten, eine Haftung für unsachgemäßen Gebrauch der genannten Zutaten oder Unverträglichkeiten lehnen wir ab.

Wie ist das Buch aufgebaut

Schmackhaftes

Sie finden fünf Rezepte mit Zutaten, die in falscher Menge oder falscher Darreichungsform verwendet oder auch mit sehr ähnlichen Zutaten verwechselt unangenehm bis tödlich sein könnten.

Literarisches

Zu jedem Rezept gibt es ein passendes Gedicht, einen Kurzkrimi oder eine Kurzgeschichte.

Wissenswertes

Zu allen fraglichen Zutaten werden die Hintergründe beleuchtet, was bei falscher Verwendung oder Verwechslung gefährlich sein könnte.

Das Menü

Aperitif

Sektcocktail mit Litschi

Salat

Pikanter Obstsalat mit Hähnchenbrust, Tomaten, Erdbeeren, Cashew-Kernen, Papaya, Mango, Chili, Honig Dressing

Vorsuppe

Kräuterschaumsüppchen mit Pfannenbrötchen

Hauptgang

Hüftsteak mit Kastanienkruste, Rissolée-Kartoffeln, Maniok-Pommes, grün-rotes Bohnengemüse

Dessert

Panna Cotta mit Tonkabohne, Himbeersoße und Mandelkrokant, Deko: Zimt, Physalis

Aperitif: Sektcocktail Orange-Litschi

Zutaten:

- 1 Dose Litschi
- 1 Dose Mandarinen
- Orangenlikör
- Sekt

2 Litschi mit je 1 Mandarinenfilet füllen.

In ein Sektglas geben.

2 cl Orangenlikör darüber gießen und mit Sekt auffüllen.

Giftcocktail

Wer nie in einer Cocktailbar,
weil diese ihm zu teuer, war,
weiß nicht, dass Obst in Alkohol
in kleinen Mengen, doch sehr wohl
giftig sein kann. – Dem Geizkragen
schlägt der Preis auf seinen Magen.
Drum warte er mit der Bestellung,
ob die Begleitung nach der Schwellung
der Luftröhre überhaupt essen kann.
So ist er vielleicht besser dran.
Stirbt er am Drink - oder die Frau -,
verlässt er die Bar sogar für lau.

††
††
††
††
††
††
††
††
††
†††††††††††††††††††††††††††††††††

Litschi

Eine Litschi als Garnierung, ist nicht ungewöhnlich und in kleinen Mengen völlig ungefährlich. Jahrzehntelang sind in Nordindien in der Region Muzaffarpur jedes Jahr im Mai und Juni hunderte von Kindern an plötzlichen Krampfanfällen und Bewusstseinsstörungen erkrankt, jedes dritte Kind ist gestorben. Einige Untersuchungen auf Pestizide, Viren oder Schwermetalle schlugen fehl. Auffallend war, dass es besonders Kinder armer Familien traf. Jetzt wurde endlich festgestellt, dass Kinder betroffen waren, die große Mengen Litschis auf nüchternen Magen gegessen hatten. Litschis enthalten Hypoglycin, ein Gift, das die Fähigkeit des Körpers stört, Zucker zu bilden. Bei gesunden, gut genährten Menschen ist das kein Problem, wenn man Litschis in normalen Mengen als Nascherei verzehrt. Wer aber als Hauptmahlzeit versucht, von reifen Litschis den Hunger zu stillen, dessen Blutzuckerspiegel sinkt so rapide, dass dies zum Tod führen kann.

1. Gang:
Pikanter Obstsalat mit Hähnchenbrust

Zutaten:

4 Hähnchenbrustfilets

6 EL Sesamöl

Knoblauch

Salz und Pfeffer

100 g Erdbeeren

1 Mango

½ Papaya

70 g Kirschtomaten

1 kleine Charentaismelone

1 EL Sesam-Samen

1 rote Chilischoten

50 g Cashew-Kerne

2 EL Rohrzucker

1 TL Honig

Saft von 1 Limette

1 EL gehacktes Koriandergrün

Sesamöl in einer Pfanne erhitzen und die Hähnchenbruststreifen darin kurz anbraten.

Den Knoblauch dazugeben und kurz mitbraten das Fleisch mit Pfeffer und Salz würzen, mit dem verbliebenen Bratöl in eine große Schüssel geben und abkühlen lassen.

Inzwischen für den Obstsalat Erdbeeren waschen, trocken tupfen, putzen und halbieren, ebenso die Kirschtomaten. Mango mit Sparschäler schälen, das Fruchtfleisch zunächst von dem Stein schneiden und in 2 cm große Würfel schneiden. Die Kerne von Papaya mit einem Esslöffel entfernen, Die Papaya schälen und das Fruchtfleisch ebenfalls in 2 cm große Würfel schneiden. Charentaismelone vierteln und die Kerne mit einem Esslöffel entfernen. Die Melonenviertel schälen und in feine Streifen schneiden, Das Obst mit den Hähnchenbruststreifen und dem Bratöl mischen. Sesam-Samen in einer Pfanne ohne Fett rösten, bis sie zu duften beginnen. Chilischoten längs halbieren, die Kerne mit einem spitzen Messer herauskratzen, die Schoten waschen und in sehr feine Würfel schneiden.

Honig, Salz und Saft von 1 Limette verrühren und

mit dem Sesam, Chiliwürfel und 1 EL gehacktem Korianderngrün unter den Obstsalat heben.

Cashew-Kerne in einer Pfanne mit Rohrzucker, Salz und wenig Wasser karamellisieren. Abkühlen lassen, bis sie hart wie gebrannte Mandeln sind.

Den Obstsalat mit der Hähnchenbrust anrichten und mit Cashew-Kernen und Korianderblättchen garnieren

Von wegen Stillleben

„Wer malt denn heutzutage noch Stillleben?", fragte Julian und sah sich einige der Bilder an, die auf drei Staffeleien standen, während andere scheinbar achtlos überall an die Wände gelehnt waren. Er musste einige Bilder nach vorne neigen, um die dahinter stehenden Leinwände ansehen zu können. „Macht man nicht inzwischen von allem nur noch Fotos?"

Daria lächelte milde.

„In Fast-Food-Ketten hängen in der Tat keine Gemälde, da gebe ich dir Recht, aber ich habe mir in der Haute Cuisine einen Namen gemacht mit meinen Essensbildern. Einer sagt es dem anderen, auch die Sterneköche sind ja untereinander vernetzt. Und Bilder von Essen passen in jedes Restaurant", erklärte Daria geduldig.

Julian sah sich weiter in dem lichtdurchfluteten Raum um und ging zu einem Tisch.

„Wo hast du denn diese ganzen unterschiedlichen Tomaten her? Das sind doch alles Tomaten, oder?", fragte Julian und wendete eine schwarze Frucht in der Hand.

„Würdest du bitte ...", sagte Daria nachdrücklich, nahm ihm die Tomate aus der Hand und sortierte sie wieder in ein Arrangement von schwarzen, grünen, gestreiften und vor allem vielen unterschiedlichen roten Tomaten ein: dicke Fleischtomaten, blasse Datteltomaten, kugelrunde Kirschtomaten ...

Sie erläuterte Julian, dass das für sie alles eine Ordnung habe, mehr als nur eine Farbharmonie.

„Schmecken die wirklich alle wie normale Tomaten?", fragte Julian und beugte sich vorsichtig über den Tisch, um an den verschiedenen Tomaten wenigstens riechen zu können, ohne sie zu berühren. Daria zuckte nur die Schultern und erklärte, sie reagiere allergisch darauf, nach einem unangenehmen Erlebnis vor vielen Jahren habe sie schon ewig keine rohen Tomaten mehr probiert.

„Könntest du dich vielleicht nützlich machen und mir die Erdbeeren aus dem Kühlschrank holen?", bat Daria, nickte mit dem Kopf zu einer offenen Tür und wandte sich wieder ihrer Staffelei zu.

Auf einem Schränkchen neben dem Holzgestell stand eine gläserne Schale, in der einige Walnüsse mit ihrer fleischigen Hülle lagen, einige mit der typischen, harten Walnussschale, andere bereits geknackt. Daneben lagen Erdnüsse in ihrer klassischen, doppelkugeligen Form mit Schale sowie lose. Kastanien lagen mit ihren charakteristischen grünen Stachelhüllen neben bereits ausgelösten Rosskastanien und Maronen, teilweise waren die Früchte noch dekorativ von der grün kontrastierenden Hülle umschlossen.

Julian kam mit einer Schale Erdbeeren zurück.

„Nur eine Sorte?", neckte er Daria.

„Ich habe im Frühjahr Walderdbeeren gemalt und Erdbeerblüten, sieh einmal dort hinten."

Sie wies auf ein Foto an der Wand. „Jetzt möchte der Gastwirt noch normale Kulturerdbeeren haben, am liebsten zusammen mit Brombeeren, Himbeeren, Johannisbeeren und Stachelbeeren, aber jetzt im Herbst sind bestenfalls Erdbeeren und Himbeeren von irgendwo auf der Welt zu bekommen. Wenigstens Erdbeeren gehen ja mittlerweile fast ganzjährig, aber sonstige Beeren sind eine Herausforderung. Ich habe mir überlegt, ihm stattdessen Erdbeeren mit Puderzucker bestäubt, mit Honig und mit Schokolade überzogen zu malen, vielleicht gefällt ihm das auch."

Julian betrachtete das Foto neben der Tür.

„Ist es dir schon einmal passiert, dass du ein Bild gemalt hast und es wurde dir nicht abgenommen?"

Daria zögerte, und Julian sah ihr an, dass er unwillentlich einen wunden Punkt getroffen hatte.

„Das ist mir nur am Anfang meiner Karriere einmal passiert. Inzwischen mache ich immer erst Fotos, lege die meinem Auftraggeber vor, mache einen unmissverständlichen Vertrag und lasse mir die Hälfte meines Honorars auszahlen. Seitdem gab es keine Schwierigkeiten mehr, aber es hat einige Zeit gedauert, bis ich gelernt hatte, so zu fotografieren, wie ich später auch malen möchte. Dabei muss ich auch vorsichtig sein, die Fotos nicht zu hochwertig zu machen, sonst überlegen sich die Restaurants das noch einmal mit den Bildern und möchten nur die Fotos aufhängen. Inzwischen ist es ja auch möglich, Bilder auf Acryl oder Metall zu drucken, das sieht dann stylisch aus, ist aber weit von meiner eigentlichen Passion entfernt. Außerdem kann ich natürlich nicht die gleichen Preise dafür verlangen."

Julian fragte, ob es nicht trotzdem lukrativ sei, aber Daria winkte ab, lukullisch sei ihr wichtiger als lukrativ.

„Vielleicht als zweites Standbein?"

„Wenn sich die Malerei nicht mehr lohnt, wird mir vielleicht nichts anderes übrig bleiben, aber jetzt ist mir Öl und Acryl noch lieber", beendete Daria Julians Gedankenspiel.

Julian bot an, ihr noch irgendwie zu helfen, aber Daria lehnte dankend ab.

„Meine Nachbarin hat angeboten, dass ich bei ihr Haselnüsse pflücken darf, aber das kannst du mir nicht abnehmen. Sie ist eine sehr misstrauische und überängstliche Frau, die nach einer Vergewaltigung vor vielen Jahren keine Männer mehr in ihrer Nähe erträgt. Ich beeile mich aber", versicherte Daria, schnappte ihren Fotoapparat, der vermutlich mehr gekostet hatte, als sie mit zwei Gemälden wieder hereinholen konnte, und küsste Julian flüchtig, während sie in ihre Jacke schlüpfte.

„Sieh dich ruhig um, im Kühlschrank sind auch noch Getränke, die brauche ich nicht für die Bilder, sondern nur zur Inspiration. Gieß uns beiden etwas Schönes ein, ich brauche nicht lange."

Die Nachbarin war ungewohnt gesprächig, und Daria wollte nicht unhöflich sein, wenn sie schon immer wieder etwas aus ihrem Garten ernten oder fotografieren durfte.

Als sie ihr Atelier wieder betrat, lag Julian nackt auf ihrem roten Kanapee, zwei Sektflöten neben sich auf dem Parkettboden stehend. Julian zitterte heftig.

„Oh, entschuldige, war ich doch zu lange weg?"

Daria legte ihre Kamera auf einen Beistelltisch und warf Julian ihre körperwarme Jacke über die Beine, die von einer Gänsehaut bedeckt waren.

„Mein Ärmster, habe ich dich so lange warten lassen?", sagte sie bedauernd. Sie ließ sich neben Julian auf das Sofa gleiten, sodass er sie frontal ansah, nippte an einem Sektglas, und griff sich an den obersten Blusenknopf, um mit ihrem nackten Körper Julian zu wärmen, aber der schüttelte nur schwach den Kopf. Daria hielt inne und blickte Julian direkt in die Augen.

Erst jetzt sah sie, dass seine Pupillen unnatürlich geweitet waren. Julians ganzer Körper wurde plötzlich von Krämpfen geschüttelt. Daria rappelte sich auf und ging mit wenigen Schritten quer durch den Raum zu ihrem Handy. Während sie die Nummer des Notarztes tippte, inspizierte sie mit einem raschen Blick ihre zum Malen und Fotografieren drapierten Lebensmittel. Ihr fotografisches Gedächtnis half ihr, auch minimale Unterschiede zu vorher wahrzunehmen.

„Ich brauche einen Rettungswagen in der Brückenstraße. Lebensmittelvergiftung. Tomatin, Saponin, Urishiol und vielleicht sogar Botulismus-Sporen", zählte sie auf und beschrieb genau, wohin der Wagen kommen sollte.

Sie kniete sich neben Julian, deckte ihn großflächiger mit ihrer Jacke zu und hielt seine Hand, während sie mit der anderen Hand über seinen Kopf streichelte.

„Hast du deine Malutensilien vergiftet?", fragte Julian matt.

„Das hat die Natur selbst gemacht, daran habe ich keine Schuld", erklärte Daria.

„Aber da war doch nichts dabei, was ich sonst nicht auch esse", sagte Julian und krümmte sich wieder vor Schmerzen.

„Es gibt reife grüne Tomaten, aber du hast eine unreife gegessen. Und die Maronen waren nicht extra groß, sondern die

Rosskastanien waren ungewohnt klein, die sind hoch giftig."

Julian rieb sich seinen juckenden Unterarm, und Daria sah den Ausschlag, der Julian peinigte.

„Cashew-Kerne hast du auch gegessen?"

„Ich war noch nie allergisch auf Nüsse", sagte Julian fast entschuldigend.

„Du hast auch noch nie rohe Cashews gegessen, sondern nur gegarte oder geröstete. Erst erhitzt sind sie ungefährlich."

Es klingelte an der Tür, und Daria ließ die Sanitäter ein. Die lächelten spöttisch, als sie den nackten Julian auf der Couch liegen sahen, neben sich zwei Sektgläser, sagten aber nichts.

Daria zählte auf, was Julian gegessen habe, und betonte dabei, dass sie selbst nicht anwesend gewesen sei. Sie nahm den Löffel aus dem Honigglas, ohne ihn abzulecken, und schraubte das Glas zu.

„Nehmen Sie das mit, vielleicht brauchen Sie eine chemische Analyse, das ist kein Speisehonig", forderte Daria die Sanitäter auf, die vor Ort versuchten, Julian zu stabilisieren.

Daria raffte Julians Kleidungsstücke zusammen und bedeckte ihn mit seiner eigenen Jacke statt ihrer rosafarbenen Wolljacke.

„Ich verspreche, nicht mehr zu naschen", hauchte Julian.

„Wenn du aus dem Krankenhaus kommst, werde ich als

Entschädigung für dich kochen", versprach Daria.

„Bei dir esse ich nichts mehr", versicherte Julian und schloss die Augen, als die Sanitäter ihn auf die Trage hoben.

✝✝✝✝✝✝✝✝✝✝✝✝✝✝✝✝✝✝✝✝✝✝✝✝✝

Kugelfisch

Wenn wir über tödliches Essen sprechen, fällt den meisten spontan der Kugelfisch ein, für den die Köche in Japan eine besondere Lizenz zum Zubereiten benötigen. Das Gift Tetrodotoxin befindet sich in Haut, Leber und Eierstöcken des Fisches, nicht aber im Muskelfleisch. Es wirkt auf die Körpernerven in der Form, dass beim Essen eine vollständige Lähmung eintritt und man sich weder bewegen noch sprechen kann. Die Vergifteten bleiben also bei Bewusstsein, während die Lähmung einen Atemstillstand oder einen Herzstillstand hervorrufen kann. Wenn die Atmung und der Kreislauf allerdings in Gang gehalten werden, klingen die Symptome nach 24 Stunden ab.

Sannakji

Aber kennen Sie auch die kleinen Kraken, Sannakji, die in Korea lebend gegessen werden? Es ist eine besondere Herausforderung, die Berührung der Arme im Hals und der Speiseröhre zu überleben, sechs Personen sterben pro Jahr in Korea bei deren Verzehr.

Fisch und Fleisch

Relativ gering erscheinen einem dagegen die Belastungen von Lachs und Meeresfrüchten mit Schwermetallen oder Schweinefleisch mit Antibiotika. Solange wir bei Hühnerfleisch darauf achten, keine rosa Stellen am verzehrfertigen Fleisch mehr zu haben, sind wir auch vor Salmonellen und Listerien ziemlich sicher.

Tomaten

Tomaten scheinen ein ganz harmloses Gewächs zu sein. Es gibt zahlreiche Züchtungen. Es kam schon vor, dass Hobbygärtner die ganze Ernte eines Strauches weggeworfen haben, weil sie nicht darauf geachtet hatten, dass sie eine schwarze Sorte gekauft hatten; sie dachten, alle seien verdorben.

Manche kennen es vielleicht, wenn man Tomaten erntet, kribbelt es manchmal auf der Haut. Das ist Tomatin, das in den Stielansätzen enthalten ist. Wenn man grüne Tomaten isst, kann das sehr gefährlich werden. Das Tomatin oder Solanin führt zu Kopf- und Magenschmerzen, Halskratzen und Übelkeit, es kann aber bis zu Krämpfen, Atemnot und dem Tod führen.

Erdbeeren

Hildegard von Bingen hat schon Mitte des 12. Jahrhunderts vor gefährlichen Lebensmitteln gewarnt. Sie schrieb: „Die Erdbeeren verursachen gleichsam einen Schleim im Menschen, der sie isst, und sie taugen weder dem gesunden noch dem kranken Menschen zum Essen, weil sie nahe an der Erde wachsen und weil sie sogar in fauliger Luft wachsen."

Tatsächlich wird häufiger von Allergien berichtet, die mit Hautrötungen, Pusteln, Bauchschmerzen und Übelkeit einhergehen. Das mag aber eher mit den Pestiziden in den Anbauländern zusammenzuhängen als mit den Erdbeeren selbst.

Die Erdbeere ist streng genommen keine Beere, der rote Teil ist nur eine Scheinfrucht, die knackenden Kernchen sind eigentlich Nüsse. Das erklärt auch, warum viele Nussallergiker auch auf Erdbeeren allergisch reagieren.

Cashew-Kerne

Damit es hübsch aussieht und für den angenehm nussi-gen Geschmack haben wir Cashew-Kerne am Salat. Was unter-scheidet die Cashews von den allseits beliebten Erdnüssen, die wir in der Weihnachtszeit frisch aus der Schale essen? Erst ge-gart, geröstet oder gekocht sind die Kerne nicht nur leckerer, sondern auch ungefährlich. Rohe Cashew-Kerne enthalten Urushiol, den gleichen Wirkstoff wie in Gift-Efeu, der bei Be-rührung zu juckendem Ausschlag führt.

Honig

Achten Sie darauf, für die Honig-Dressing nie Roh-Honig beim Imker oder im Bioladen zu kaufen, denn der enthält unter Umständen Botulismus-Sporen, ein Nervengift, das zu Magenkrämpfen, Erbrechen und Fieber führen kann. Ungefährlich, vor allem für Kinder, ist der Honig erst dann, wenn er pasteurisiert, also erhitzt, wurde.

Rucola

Man könnte den Salat auch mit Rucola-Blättern anrichten. Manche mögen Rucola nicht, weil er ihnen zu bitter schmeckt. Kreuzkraut sieht in der Blattform der Salatpflanze ähnlich, ist jedoch spinnwebartig behaart und hat distelartige Blüten. Sollten Sie in Ihrer Rucola-Packung ein solches Unkraut finden, sortieren Sie es auf jeden Fall aus, es enthält starke Lebergifte, die gefährlich werden können.

Durianfrucht

Die Durian- oder Stinkfrucht ist vor allem in Malaysia, Singapur und Thailand bei den einen sehr beliebt, bei den anderen sehr verhasst. Sie macht ihrem deutschen Namen alle Ehre, was viele davon abhält, den vielschichtigen Geschmack überhaupt zu testen.

Asiaten wissen, dass der Genuss von Alkohol zusammen mit Durian zu krampfartigen Bauchschmerzen führen kann, selbst von Todesfällen wird berichtet. Manche sollen sich wohl einen Spaß daraus machen, die „Langnasen" nicht auf diese Wechselwirkung hinzuweisen.

Unser Körper wandelt Alkohol, also Ethanol, zunächst in giftiges Acetaldehyd um und baut es anschließend zu ungiftiger Essigsäure ab. Dieser Prozess wird durch Durian verzögert, wodurch es zu schweren Unverträglichkeiten kommen kann.

2. Gang:
Kräuter-Süppchen mit Zitronen-Croutons

Zutaten:

- 4 Schalotten
- 150 g Kartoffeln
- 100 g Sellerie
- 100 g Lauch
- 2 EL Butter
- Salz und Pfeffer aus der Mühle
- 100 ml Weißwein
- 800 ml Fleischbrühe
- Kräuter: Petersilie
  - Schnittlauch
  - Kerbel
  - Kresse
  - Sauerampfer
  - Pimpernelle
  - Borretsch
- 200 ml Sahne

- 2 Scheiben Toastbrot
- 1 Zitrone

Schalotten schälen und würfeln. Kartoffeln, Sellerie, Lauch waschen, schälen und klein schneiden. Butter in einem Topf erhitzen. Schalotten darin glasig an-
schwitzen. Kartoffeln, Sellerie und Lauch dazugeben.
Salzen, pfeffern und mit Weißwein ablöschen. Kurz einkochen lassen und mit Brühe aufgießen.

Kräuter waschen und trocken tupfen. Die groben
Stiele entfernen. Kräuter grob klein schneiden und im
Mixer mit Sahne pürieren. Zur Suppe geben und kurz
aufkochen, abschmecken.

Brot entrinden und würfeln. Zitrone dünn abreiben.
Brotwürfel in Butter anrösten und Zitronenschale untermischen. Auf Teller anrichten, Brotwürfel zugeben.

Pfannenbrötchen

Zutaten:

1 Tütchen Trockenhefe

220 ml handwarmes Wasser

1 TL Salz

270 g Weizenvollkornmehl

70 g Salatkerne, Chia-Samen o.ä.

Hefe im Wasser auflösen, mit allen Zutaten mit dem Kochlöffel oder Mixer zu einem weichen Teig verrühren und 20 Minuten stehen lassen.

Aus dem Teig 8 Kugeln formen und etwas flachdrücken, in eine kalte, beschichtete Pfanne legen. Deckel aufsetzen und nicht zwischenzeitlich abheben! Bei schwacher Hitze 15 Min. auf dem Herd backen.

Den Deckel abheben, Kondenswasser mit einem Küchentuch auswischen, Brötchen wenden, trockenen Deckel wieder aufsetzen, weitere 5 Minuten backen.

Dieses Rezept eignet sich hervorragend, wenn man keinen Backofen zur Verfügung hat, also auch für Camping oder Studentenhaushalte.

Selbst eingebrockt

Werner liebte Bärlauch in jeder Form, das wusste Corinna. Ob als Suppe, Pesto, in Butter oder als Raviolifüllung, Werner könnte jeden Tag Bärlauch essen. Das ganze Jahr über aß er unanständige Mengen von Knoblauch, wo immer er ans Essen passte, und oft auch, wenn der Knoblauchgeschmack alles andere unangemessen überlagerte. Manchmal schnitt er ihn sich auch roh aufs Butterbrot, und seine Ausdünstungen waren häufig mehr als unangenehm.

Aber sobald im Frühjahr die länglichen, schwertförmigen Blätter des Bärlauchs aus der Erde sprossen, hielt ihn nichts mehr zu Hause. Er schwang sich freiwillig auf sein Fahrrad und sammelte Mengen, die sie zu zweit niemals würden verbrauchen können.

Am Wochenende entschied er, schon in aller Frühe in die Nordeifel zu fahren, wo es das größte Bärlauch-Gebiet Europas gab. Da gab es auch gewerbliche Sammler, deren Autokennzeichen behördlich registriert waren. Werner sprach einen von ihnen an, dass er Angst hätte, die Gewerblichen würden den Privaten alles wegnehmen, aber der konnte ihn beruhigen, Bärlauch würde im Folgejahr sogar noch üppiger sprießen.

„Pass mir ja auf, dass du keine Maiglöckchen dazwischen

mischst", ermahnte Werner Corinna zum wiederholten Male. „Und denk daran, wenn du dir nicht sicher bist, immer erst an den Blättern reiben. Wenn sie nach Knoblauch riechen, ist es Bärlauch, sonst können es Maiglöckchen oder Herbstzeitlose sein, aber ...“

„... die sind giftig und dürfen nur in die Blumenvase, nicht in die Küche, ich weiß es doch", vervollständigte Corinna den Satz gelangweilt.

Sie sammelte viel lieber Waldmeister für eine richtige Maibowle. Bärlauch bedeutete für sie nur viel Arbeit und der immer gleiche, durchdringende Geschmack, der die Nuancen anderer Zutaten überdeckte.

Werner reichte ihr ein Bündel Einmalhandschuhe.

„Denk daran, wenn du an den Blättern gerieben hast und sie riechen nach Knoblauch, dann solltest du die Handschuhe wechseln. Wenn du nämlich danach an Maiglöckchen reibst und hast noch den Knoblauchgeruch an den Fingern, kannst du nicht unterscheiden, ob die Blätter ungefährlich sind.“

Corinna blickte ihn halb belustigt, halb verärgert an. Jedes Jahr die gleiche Leier. Für das Geld, was sie alleine für Handschuhe ausgaben, könnten sie im Supermarkt eine angemessene Menge Bärlauch kaufen und könnten ihre Freizeit stattdessen angenehmer gestalten.

„Du weißt ja, außer am Geruch erkennst du Bärlauch natürlich auch am Wachstum", ermahnte Werner. Corinna verdrehte genervt die Augen.

„Wie wächst Bärlauch?", fragte Werner fordernd.

„Werner, ich bitte dich!"

„Ich möchte es von dir hören. Wie wächst Bärlauch?"

Corinna zögerte. Natürlich wusste sie es genau, Werner fragte sie seit Jahren jedes Mal ab wie ein Schulkind. Was würde wohl passieren, wenn sie ihm einfach etwas Falsches sagen würde? Müsste sie dann im Auto warten, bis er fertig war, oder würde er beim Pflücken nicht mehr von ihrer Seite weichen?

„Deute ich dein Zögern richtig, dass du es seit letztem Jahr schon vergessen hast?", fragte Werner scharf.

Corinna versteifte sich und funkelte Werner böse an.

„Das ist jetzt wirklich nicht dein Ernst. Werner, mein Gedächtnis funktioniert wunderbar, aber ich habe auf diesen ganzen Affenzirkus keine Lust mehr. Im letzten Jahr hast du, haben wir sechs Kilo Bärlauch gesammelt. Wir haben noch immer Bärlauch eingefroren, als Pesto konserviert ... Können wir nicht endlich einmal auf Bärlauch verzichten und stattdessen Spargel essen oder Brokkoli?"

Werner zeigte keinerlei Verständnis für ihren Ausbruch.

„Ich soll schwer arbeiten, damit du kaufen kannst, wonach dich gerade gelüstet, dabei hält die Natur kostenlos für uns bereit, was wir nur sammeln müssen."

Corinna ließ die Schultern, die sie eben noch gestrafft hatte, hängen.

„Wir werden jetzt gemeinsam nach den Blättern sehen. Bärlauchblätter wachsen immer einzeln, Maiglöckchen paarweise und Herbstzeitlose zu mehreren Blättern an einem Stängel. Das ist doch wirklich nicht so schwer, das solltest selbst du langsam wissen."

Obwohl Corinna sich innerlich auflehnte, brachte sie nur ein resigniertes „Ja, Werner" hervor.

Eine Handvoll weiterer Sammler füllte schon Körbe und Tüten. Werner wies Corinna einen Flecken an, wo sie nach seiner ersten Inaugenscheinnahme pflücken sollte, während er den anderen auf die Finger sah und in ihrer Ausbeute stöberte. Zum ersten Mal wurde Corinna bewusst, dass sie immer die eigentliche Arbeit leistete, während Werner kaum seinen Rücken beugte, sondern vor allem ungefragt die Ernte der anderen, Güte und Menge des Bärlauch-Ertrages und seine eigenen Rezeptkreationen kommentierte, am liebsten natürlich bei solch jungen Frauen, die sich mit halbnackten Schultern tief über den Waldboden bückten.

Corinna ließ den geschulten Blick schweifen. Ein kleines

Büschel Blätter stand ein wenig abseits.

„Werner, ich brauche mal deine Hilfe", rief sie und streckte den angespannten Rücken. Die Mai-Sonne schien schon warm vom wolkenlosen Himmel und Corinna ärgerte sich, dass sie viel zu warm angezogen war, obwohl es hier im Wald schattig, aber keineswegs kühl war.

Obwohl sie ihn nicht verstehen konnte, erkannte sie am Blick der jungen Frau, die von dem Bärlauch auf- und in ihre Richtung schaute, dass er sich wieder einmal abfällig über sie geäußert hatte. Die junge Frau war für die Witterung tatsächlich angemessener gekleidet, ihr Brustansatz war unter dem tief ausgeschnittenen Top gut erkennbar, der nur von Werners Blick bedeckt wurde. Ihr selbst verbot Werner, so in den Wald zu gehen. Angeblich wegen Zecken und ähnlicher Gefahren, sie war sich allerdings sicher, dass er solche Blicke anderer Männer keinesfalls auf der Frau sehen wollte, die er für sein Eigentum hielt.

„Werner", rief Corinna noch einmal, aber der konnte sich nur schwer von der blonden Schönheit losreißen, die beim Lachen Glitzersteinchen auf den blitzweißen Zähnen entblößte.

Corinna ließ den Korb stehen und näherte sich, ohne dass Werner sie überhaupt wahrnahm. Am liebsten hätte sie ihr langärmeliges Shirt über den Kopf gezogen und hätte nur im

BH weitergepflückt, vielleicht würde Werner sie dann wenigstens einmal ansehen.

„Brauchst du noch mehr?", fragte sie mit einem naiven Lächeln. „Ich habe neulich gelesen, Bärlauch hilft gar nicht bei Potenzstörungen, aber sehr gut bei Würmern."

Werner funkelte sie wütend an, während das Mädchen kichernd zu ihrer Freundin ging und ihr etwas zuraunte, sodass diese sich neugierig nach Werner umwandte.

„Wie konntest du den Korb unbeaufsichtigt stehen lassen?", fuhr Werner Corinna zornesrot an. „Hol den Korb und warte im Auto auf mich."

„Wir haben wirklich genug", entgegnete Corinna lahm, schlurfte aber durch die grünen Blätter zu ihrem Korb und blickte der alten Frau hinterher, die ein Bündel Blätter in der Hand hatte, die sie unerwartet behände aus Corinnas Korb gerafft hatte, statt sie mühsam pflücken zu müssen.

Einerseits hätte Corinna ihr am liebsten den ganzen Korb geschenkt, zugleich wusste sie, dass Werner nicht eher nach Hause fahren würde, bis nicht beide Körbe voll wären.

Corinna stellte den Korb in den Kofferraum, brachte den Beifahrersitz in eine bequeme Liegeposition und stöpselte ihre Ohrhörer ein. Sie suchte ihre Lieblingsmusik auf dem Handy und döste in der warmen Mai-Sonne ein.

Corinna erwachte abrupt, als Werner ihr die Stöpsel aus den Ohren riss.

„Eins sag ich dir, zu Hause überprüfe ich deine Ernte ganz genau. Nicht, dass diese kauzige Alte uns giftige Blätter untergemischt hat. Bei diesen Eifel-Hexen weiß man ja nie."

Corinna klappte erschrocken die Augen auf, während ihr Hirn erst langsam wieder zuschaltete.

„Was für eine märchenhafte Vorstellung", antwortete Corinna zynisch. „Die Guten ins Töpfchen ..."

„Wag es", zischte Werner und klemmte sich mühsam hinters Steuer.

Zu Hause ließ Werner Wasser in das Spülbecken ein und beaufsichtigte mit einer Flasche Bier in der Hand, wie Corinna jedes Blatt einzeln wusch, wog, wiegte und wegräumte. Er würde den ganzen Nachmittag brauchen, alles in Gläser, Tüten und Leinensäckchen, als Pesto, Butter und unverarbeitet zu konservieren oder einzufrieren.

„Und für heute Abend machst du mir eine Schaumsuppe, damit das klar ist."

„Möchtest du auch frische Brötchen dazu?", fragte Corinna ergeben.

„Natürlich", fuhr Werner sie an und gähnte demonstrativ. Dann verkündete er, er würde jetzt eine Runde schlafen, bevor er sich das Autorennen im Fernsehen ansehen würde.

Werner schlief so lange, dass er den Start des Autorennens sogar verpasste, was ihn zwar übellaunig machte, ihm aber keine Zeit zum Kontrollieren und Kritisieren ließ. Er rief nur zweimal nach Corinna, um sich ein Bier aus dem Kühlschrank bringen zu lassen, sonst ließ er sie unbehelligt werkeln.

Nach dem Rennen sah er sich bei einer vierten Flasche Bier noch die gesamten Interviews an und schlief dann abermals ein, bis ihm der Duft warmer Brötchen in die Nase stieg.

„Ich würde dir Schlampe ja zutrauen, dass du mich mit deiner Bärlauch-Suppe um die Ecke zu bringen versuchst, darum sehe ich dir ja so genau auf die Finger", sagte Werner etwas schleppend und rülpste laut. Er forderte Corinna auf, mit dem Essen anzufangen und beäugte sie mit leicht glasigem Blick. Erst nachdem sie ihren Teller halb aufgegessen hatte, umschloss er seinen eigenen Löffel mit der ganzen Hand und führte den Löffel, den Ellenbogen nicht vom Tisch nehmend, zum Mund, sodass die Hälfte der Suppe am Stielansatz wieder vom Löffel floss.

„Wenn du nicht so verdammt gut kochen könntest, hätte ich dich nie geheiratet", sagte Werner und spürte nicht, wie ihm ein Tropfen über das unrasierte Kinn rann.

Er griff in den Brötchenkorb und betrachtete das warme

Gebäck so angestrengt, dass eine steile Falte zwischen seinen Brauen entstand.

„Was ist das denn schon wieder auf den Brötchen, diese blöden Chia-Samen?"

Corinna nickte stumm.

Werner aß drei Teller Suppe und beäugte Corinna skeptisch. „Die Brötchen schmecken besser, als ich erwartet hätte, warum isst du nichts davon?"

Corinna sah demonstrativ auf die Uhr und erinnerte ihn an ihre Low-Carb-Diät, wegen derer sie nach achtzehn Uhr keine Kohlenhydrate mehr zu sich nahm.

„Mehr für mich", sagte Werner kauend.

„Ich hatte die eigentlich schon für das Frühstück mitgebacken", sagte Corinna kraftlos, was Werner nur anspornte, auch das letzte Brötchen noch in Stücke zu brechen und seinen Teller damit auszuwischen.

„Die Suppe war doch gar nicht so scharf, warum wird mir denn so warm?", fragte Werner und entledigte sich seines T-Shirts, sodass Corinna einen unverhüllten Blick auf seine stark behaarte Brust hatte, die auf seinem obersten Bauchring auflag.

Werner griff zur Bierflasche und stellte sie enttäuscht wieder zurück.

„Ist noch eine Flasche kalt?", fragte er, aber Corinna

schüttelte den Kopf.

„Soll ich …"

„Ich will heute mal nicht so sein, du hast heute genug ge-schafft", sagte Werner unerwartet gönnerhaft und fast tat es Corinna einen Moment lang leid.

„Ich bringe deiner Mutter schnell ein wenig von dem Bär-lauch vorbei", sagte Corinna und griff die Autoschlüssel.

„Da ist nicht mehr viel Sprit drin", sagte Werner kurzat-mig und stützte sich beim Aufstehen schwerfällig auf den Tisch, dass dieser knarzte.

„Wenn ich nicht gesehen hätte, dass wir aus dem gleichen Topf gegessen haben, würde ich vermuten, du Luder hättest mir doch Maiglöckchen-Blätter untergejubelt", brachte Werner stockend hervor.

„Bis gleich", sagte Corinna und fuhr rasch davon.

Zwei Stunden später kam sie, die Tankquittung und zwei Stückchen Erdbeerkuchen von ihrer Schwiegermutter in der Hand, nach Hause.

„Werner?", rief sie, „ich habe Nachtisch von deiner Mut-ter mitgebracht."

Als Werner nicht reagierte, suchte sie ihn erst vor dem Fernseher, dann im Bett. Hatte er sich nicht ein weiteres Bier im Keller holen wollen? Die Anzahl der leeren Flaschen auf dem Küchentisch war unverändert, auch im Wohnzimmer hatte keine leere Flasche gestanden. Im Keller brannte Licht, Corinna ging vorsichtig nach unten. Werner lag bäuchlings am Fuß der Treppe, sein nackter Rücken war trotz der Wärme schon ganz kalt.

Corinna wählte den Notruf und sagte nüchtern, sie sei gerade nach Hause gekommen und habe ihren Mann tot aufgefunden. Sie mögen bitte eine Ambulanz schicken, aber es eile wohl nicht mehr.

Dann räumte sie die leeren Petersiliensamentütchen, die sie achtlos in den Restmüll geworfen hatte, in den Papiermüll, den die Polizei vermutlich nicht durchsuchen würde, und stellte stattdessen eine halbleere Tüte Chia-Samen auf die Anrichte und klemmte den Kassenbon vom Tanken darunter.

Petersilie

Seit Sokrates kennen wir den Tod mit dem Schierlingsbecher. Aber was ist Schierling eigentlich? Ein Kraut, das leicht mit der Petersilie oder dem Wiesenkerbel verwechselt werden kann, dessen Verzehr allerdings tödlich ist. Aufgrund des starken Geruchs nach Mäusen kommt eine Verwechslung in der Regel allerdings nicht vor. Ich konnte leider nicht finden, in welchen Mengen Petersiliensamen giftig sind, aber sie lösen Herzrhythmusstörungen aus. Schwangere sollten nicht viel Petersilie essen, sie kann Gebärmutterkontraktionen auslösen.

Bärlauch

Schwieriger ist es da mit der Herbstzeitlosen, die leicht mit Bärlauch verwechselt werden kann. Nur 60 Gramm können einen 80 Kilo schweren Menschen töten. Bärlauch wird auch „wilder Knoblauch" genannt und genau dadurch kann man ihn von Herbstzeitlosen oder auch Maiglöckchen, die ebenfalls giftig sind, unterscheiden. Deren Blätter riechen nicht, wenn man daran reibt, während Bärlauch-Blätter nach Knoblauch riechen. Aber Vorsicht, wenn man erst an Bärlauch und dann an anderen Blättern reibt, kann der Geruch, der an den Händen verblieben ist, natürlich trügerisch sein. Bärlauch-Blätter wachsen einzeln, Maiglöckchen paarweise und Herbstzeitlose zu mehreren Blättern an einem Stängel.

Borretsch

Borretsch wird häufig für „Grüne Sauce" oder Pilzgerichte verwendet. Es ist an sich ein ungiftiges Küchenkraut, wenn man es in kleinen Mengen verwendet. Borretsch enthält jedoch giftige Alkaloide, die sich schädigend auf die Leber auswirken und Krebs erregen können. In kleinen Mengen sind die Vitamine und Omega-3-Fettsäuren durchaus gesund, aber getrocknet in Smoothies oder zum Entsaften eignet sich das Kraut nicht. Auch Schwangere und Kleinkinder sollten eher darauf verzichten.

3. Gang:
Hüftsteak mit Kastanienkruste

Zutaten:

4 Rumpsteaks

40 g Butterschmalz

je 1 Zweig Thymian und Rosmarin

Salz, Pfeffer

2 EL Balsamicoessig

250 ml Rinderbrühe

40 g Butter

Kruste:

180 g Kastanien gekocht vakuumiert

60 g Butter

2 Schalotten

50 g Rauchfleisch

ca. 150 ml Rinderbrühe

Salz, Pfeffer

1 rote Chilischote

½ Bund Petersilie

30 g Semmelbrösel

Für die Kruste Kastanien klein hacken. Schalotten schälen und fein hacken. Rauchfleisch in kleine Würfel schneiden. Petersilie waschen und hacken. 20 g Butter erhitzen Schalotten und Rauchfleisch darin anbraten. Mit Rinderbrühe auffüllen und bei starker Hitze einkochen, bis die Flüssigkeit fast verkocht ist. Die Mischung etwas abkühlen lassen. Danach in der Küchenmaschine nicht zu fein pürieren, mit Salz, Pfeffer, Kastanien und fein gewürfelter Chilischote gut würzen und die Petersilie unterheben.

Den Fettrand vom Rumpsteak einschneiden damit sich das Fleisch beim Braten nicht krümmt.

Den Backofen auf 220° C vorheizen.

Eine Pfanne erhitzen und das Butterschmalz darin schmelzen. Steaks einlegen und 1 Min. anbraten, dann umdrehen und die andere Seite 2 Min. anbraten. Erst in der letzten Minute Thymian und Rosmarin beifügen.

Steaks nach dem Braten mit Pfeffer und Salz würzen, den Bratensatz in der Pfanne mit Balsamicoessig loskochen. Mit Rinderbrühe auffüllen und bei starker Hitze einkochen lassen.

Die Steaks mit Kastanienpüree bestreichen, mit

Semmelbröseln bestreuen und mit 40 g Butter belegen. Auf ein mit Alufolie ausgelegtes Backblech legen und im vorgeheizten Backofen ca. 7 Min. überkrusten.

40 g kalte Butter in kleinen Stückchen in die Sauce rühren und mit Salz und Pfeffer würzen.

Rissolée-Kartoffeln

Zutaten:

800 g Kartoffeln (festkochend)

1 kg Frittierfett (z. B. Kokosfett)

Salz, Pfeffer

50 g Butterschmalz

30 g Butter

1 Stiel Thymian

Die Kartoffeln abbrausen, schälen und in ca. 1 cm große Würfel schneiden. Kartoffeln ca. 30 Min. in kaltes Wasser legen, damit sich die Stärke löst. Kartoffeln abgießen, abtropfen lassen und trockentupfen.

Frittierfett in einem weiten, hohen Topf (oder Friteuse) erhitzen. Kartoffeln darin kurz portionsweise frittieren. Herausnehmen und salzen. Den Vorgang noch einmal wiederholen.

Butterschmalz und Butter in einer Pfanne erhitzen. Kartoffelwürfel darin von allen Seiten ca. 3-5 Min. goldbraun braten. Etwa 2 Min. vor Garzeitende Thymianblättchen abzupfen und unter die Kartoffeln mischen. Kartoffeln mit Salz und Pfeffer würzen.

Maniok-Pommes

Zutaten:

4 mittelgroße Manioks

4 EL Kokosöl

1 Zitrone

1 EL grobes Meersalz

Die Manioks mit einem Gemüseschäler schälen und längs achteln. Die Streifen dann wiederum von der Länge her so zurecht schneiden, dass sie annähernd Pommes frites-Form haben.

Maniok-Pommes in einer Schüssel in kaltem Wasser einweichen, sodass das Wasser milchig weiß wird. Das ist wichtig, damit die Blausäure austritt. Das Wasser noch mal wechseln, die Maniok wieder wässern und dann abspülen.

Den Ofen auf 200°C vorheizen. Die Maniok-Pommes in kaltes, gesalzenes Wasser legen und auf dem Herd zum Kochen bringen. Für ca. 12 Minuten kochen, bis sie sich einfach mit der Gabel aufspießen lassen. Anschließend das Wasser abgießen und die Maniok Streifen zurück in den Topf geben und in

4 EL Kokosöl schwenken, bis sie gleichmäßig eingefettet sind.

Die Maniok-Pommes auf einem Backblech mit Backpapier verteilen und ca. 20-25 Min. backen, bis sie leicht bräunlich sind. Zur Halbzeit einmal wenden. Vor dem Servieren mit dem Saft einer Zitrone beträufeln und mit Salz bestreuen

Probieren Sie auch mal Maniok-Pommes mit Zimt oder Chili und Paprika

Grün-rotes Bohnengemüse

Zutaten:

500 g grüne Bohnen

1 Dose Kidneybohnen (250 g Einwaage)

4 Frühlingszwiebeln

1 rote Pfefferschote

2 EL Öl

1 Dose Pizzatomaten (400 g Einwaage)

1 El Limettensaft, Salz, 1 Prise Zucker

4 Stiele Koriandergrün oder glatte Petersilie

2 Bio-Limettenspalten

Grüne Bohnen putzen und in ca. 3 cm lange Stücke schneiden. Wasser in einem Topf erhitzen, gut salzen und die grünen Bohnen darin bissfest garen. Sofort in kaltem Wasser abschrecken.

Kidneybohnen abgießen, in einem Sieb unter fließendem Wasser abwaschen und gut abtropfen lassen.

4 Frühlingszwiebeln putzen. Das Weiße würfeln, das Hellgrüne in dünne Ringe schneiden.

1 rote Pfefferschote entkernen und fein hacken.

2 EL Öl in einem Topf erhitzen. Frühlingszwiebeln und Pfefferschoten darin andünsten. Rote Bohnen, grüne Bohnen und 1 Dose Pizzatomaten zugeben. Bei mittlerer Hitze 5 Min. erwärmen. Mit 1 EL Limettensaft, Salz und 1 Prise Zucker würzen.

Blättchen von 4 Stielen Koriandergrün fein hacken und untermischen. Bohnen mit einigen Korianderblättchen, Zwiebelringen und mit 1-2 Bio-Limettenspalten verziert servieren.

Legal highs

Thomas lief schon den ganzen Abend aufgeregt durch die moosgrüne Küche. Er war sich nicht mehr sicher, ob sein Vorschlag eine gute Idee gewesen war. Er vertraute noch immer darauf, dass die Freunde genauso viel getrunken und gekifft hätten wie er und daher vergaßen, was er von ihnen verlangt hatte: sobald seine Eltern in ihrem Ferienhaus in Spanien waren, wollten sie als angehende Köche kurz vor der Abschlussprüfung einmal etwas Besonderes kochen: Drogen.

Die beiden Freunde waren es gewohnt, dass gemacht wurde, was er sagte, die Wahrscheinlichkeit, dass sie tatsächlich Drogen herstellen würden, war erschreckend groß. Thomas konnte sicher sein, dass seine Eltern erst in zwei Wochen wiederkamen, in der Zwischenzeit käme die Putzfrau zweimal, bis dahin müsste das Haus wieder aussehen wie vorher. Thomas wäre gerne mit nach Spanien gefahren und hätte sich schon einmal umgesehen, wo er vielleicht einmal ein Restaurant mit deutscher Küche in Spanien aufmachen könnte, was sich bei dem boomenden Spanientourismus schnell rechnen würde, aber erst mussten sie am nächsten Freitag die Prüfung bestehen.

Er hatte überlegt, ob er etwas Gutes für seine Freunde kochen sollte, hatte sich aber für eine Kleinigkeit entschieden.

Konrad kam wie immer als erster. Er hatte von seiner Mutter gute, deutsche Tugenden gelernt und war immer pünktlich, höflich und sauber, selbst wenn sie es nicht kontrollierte. Er brachte ein paar Käsespieße mit Trauben mit, für mehr hatte sein Geld nicht gereicht.

Thomas wagte nicht, ihn darauf anzusprechen, ob er sich eine Droge überlegt hatte, zu groß war die Hoffnung, dass Konrad es vergessen hatte. Thomas legte im Wohnzimmer die neuste Pink Floyd-Schallplatte auf und ließ die Tür offen.

Winfried dagegen kam wie immer zu spät. Er hatte noch fünf jüngere Halbgeschwister, ein Erbe der freien Liebe, von denen er zwei erst noch irgendwo hatte abholen und eines ins Bett bringen müssen, bevor er weg konnte, während seine Eltern auf einer Demo gegen Atomkraft waren.

„Ich habe ein wenig Tisch-Dekoration mitgebracht, wie es in einem feinen Restaurant sein sollte", sagte Winfried gut gelaunt und zog einen Blumentopf mit einem Kraut hinter dem Rücken hervor. „Meine Vorbereitung auf meine Karriere als Sterne-Koch."

„Salbei, wie nett", sagte Thomas erleichtert und schloss die Tür hinter seinem Freund. „Komm, lass uns in die Küche gehen, ich habe Toast Hawaii im Ofen, für mehr war kein Geld mehr übrig, es ist Monatsende."

Die jungen Männer begrüßten sich herzlich, aber nicht unbefangen. Die Hack-Ordnung stand unausgesprochen fest:

Thomas war der Wortführer, was vielfach daran lag, dass er die Aktivitäten finanzieren konnte, für die seine Freunde meist kein Geld hatten.

An zweiter Stelle kam Winfried, der aufgrund seiner Herkunft und seiner Zukunftspläne selbst den Eindruck hatte, intellektuell und moralisch über jeden Zweifel erhaben zu sein.

Konrad fügte sich in seine Rolle als Letzter. Er war zwar der Jüngste, aber er war so in sich gefestigt, dass er es nicht nötig hatte, Macht über andere auszuüben oder von allen geliebt zu werden.

Winfried warf einen Blick in den Backofen und holte aus einer Jutetasche eine Platte, die er mit Alufolie abgedeckt hatte.

„Spargelröllchen", sagte er und schlug vor, die zuerst zu essen, bevor die Toasts fertig wären.

Thomas entschied, mit Cola-Asbach anzufangen, und niemand widersprach. Die Jungs kannten sich im Haushalt von Thomas' Eltern aus, hier trafen sie sich am häufigsten, mussten aber immer alles wieder dort verstauen, wo sie es hergeholt hatten, damit die Eltern Thomas nicht den Umgang mit seinen Koch-Freunden verbaten.

Nachdem sie alles gegessen hatten und noch den einen

oder anderen Genever gekippt hatten, saßen sie mit einer Knabberbox mit achterlei Salzgebäck gemütlich in Thomas' Zimmer und hörten ein paar Schallplatten, die Thomas zum Geburtstag geschenkt bekommen hatte: van Halen, AC/DC, Rolling Stones. Konrad philosophierte darüber, wieviel Genever oder Aquavit er wohl noch trinken würde, wenn er erst einmal Koch bei der Marine wäre.

„So, jetzt möchte ich aber wissen, welche Drogen Ihr Euch habt einfallen lassen", forderte Winfried plötzlich und blieb vor dem Plattenspieler stehen, ohne eine neue Scheibe aufzulegen.

Die Freunde schwiegen betreten.

„Das heißt jetzt nicht, ihr habt gar nichts vorbereitet?", frotzelte Winfried und stieß Konrad grob in die Seite.

Konrad griff verschämt in seine Hosentasche und zog ein kariertes Stofftaschentuch hervor, in das er eine Handvoll stacheliger Fruchtkapseln eingewickelt hatte.

„Sieh einer an, Stechapfel aus Opas Garten, nehme ich an? Hübsch, aber tückisch", meinte Thomas. „Dann fangen wir doch einmal damit an", schlug er hoffnungsvoll vor. Er wusste um die Wirkung des Stechapfels, dann würde er sich nicht vor seinen Freunden blamieren, weil er nichts vorbereitet hatte.

„So nicht", fiel Winfried ihm ins Wort. „Ich finde es

langweilig, wenn wir die Drogen nacheinander ausprobieren. Ich wäre dafür, dass wir alle drei vorbereiten und dann auslosen, wer welche ausprobiert."

Thomas forderte ihn auf, erst einmal zu zeigen, was er denn mitgebracht hätte. Winfried zeigte nur auf den Blumentopf, den er vom Esszimmer mitgenommen und auf Thomas' Fensterbank gestellt hatte.

„Göttersalbei", sagte er nur und überließ es seinen Freunden, ihr Wissen aus der Ausbildung hervorzukramen, um zu wissen, dass Göttersalbei hochgiftig sein konnte, auf jeden Fall aber eine unglaubliche halluzinogene Wirkung hatte. „Jetzt sag nicht, du willst kneifen", warf Winfried seinem Gastgeber vor. „So ein geiles Zeug kannst du dir nicht entgehen lassen."

Der zog sich ein wenig, diskutierte über die Reihenfolge und ob nicht doch alle das gleiche probieren sollten, gab sich dann aber geschlagen und sagte, seine Zutat sei in der Küche.

„Da müssen wir ja sowieso hin", sagte Winfried, nahm Konrad, der sich gerade nachschenken wollte, die Cognac-Flasche aus der Hand und ging vor in die Küche.

Thomas folgte mit der leeren Cola-Flasche und nahm erst einmal eine neue Flasche aus dem Kühlschrank, um Zeit zu gewinnen. Dann schlug er die Tür des Gewürzschrankes auf und griff zielsicher hinein. Er hielt eine kleine Tüte mit mehreren Muskatnüssen in die Höhe.

„Okay, wer fängt an?", fragte er und erlangte wieder die Oberhand.

Konrad hielt sich im Hintergrund, er hatte Angst, die Aktion könnte aus dem Ruder laufen, während Thomas sich keine Blöße geben wollte und Winfried nur besessen war von dem Gedanken, den anderen zu beweisen, dass er der Beste war. Aber Konrad konnte sich nicht verstecken, natürlich musste er als erster daran glauben.

„Jetzt erzähl uns endlich, was du mit den Stechäpfeln vorhast", forderte Thomas den Jüngsten in der Runde auf.

Konrad legte die Früchte, die ein wenig an klein geratene Esskastanien erinnerten, auf die Anrichte und suchte sich zwei Gabeln, um die Hüllen, die bereits angerissen waren, zu öffnen. Eine zerfiel leicht, sodass vier kleine, schwarze Kerne auf die Arbeitsplatte fielen, die zweite ließ sich nicht so leicht bezwingen.

„Egal, wir können auch die Pflanzen mitkochen. Blüten hätte man auch kochen können, aber wir machen jetzt einfach eine Art Tee aus den Samen, egal ob mit oder ohne Hülle. Und den trinken wir dann", erklärte Konrad zögernd.

Die beiden anderen wollten wissen, was dann passieren würde, aber Konrad wusste das auch nicht so genau. Er war in die Leihbibliothek gegangen und hatte dort nach giftigen Pflanzen gesucht, aber manche Bücher hatte er sich nicht ansehen dürfen, die waren in einer Abteilung, zu der er als Minderjähriger keinen Zutritt hatte. Er erzählte aber etwas von Psychose und Auflösung der Zeit.

Thomas wollte Winfried auffordern, seine Idee vorzustellen, aber dieser kam ihm zuvor. Thomas hatte sich gar keine Gedanken gemacht, er tat daher geheimnisvoll und zog die anderen damit auf, dass sie als angehende Köche doch wohl selbst wissen müssten, was man alles mit Muskatnuss anstellen könnte. „Ey, ihr wisst es echt nicht? Wie wollt ihr denn eure Prüfungen bestehen?", spottete Thomas.

„Du willst das Zeug rauchen? Das entspricht aber gar nicht der Profession eines Kochs", zog Winfried ihn auf.

„Nein, ich möchte die Nüsse kochen und den Sud trinken, so ähnlich wie Konrad es auch vorgeschlagen hat. Das kommt gut bei Muskatnuss, das verspreche ich euch. In Spanien macht man das häufig, da habe ich das kennengelernt, aber hier ist es nicht so üblich", log Thomas.

„Und wie lange dauert es, bis das Zeug wirkt?", wollte Winfried wissen.

„Das kann schnell gehen, vor allem die erste halbe Stunde kann richtig heftig sein. Dein Stechapfel wirkt langsam, nicht wahr?", wandte er sich an Konrad, der ahnungslos nickte.

„Na gut, bei meinem Göttersalbei habt ihr die Wahl. Wir können ihn rauchen, dann wirkt er quasi sofort. Oder wir kauen ihn, da braucht man leider gar keine Kochkünste zu beherrschen, nur die Kenntnisse über die Wirkung der Zutaten. Dafür werdet ihr das nie wieder vergessen", prahlte Winfried. „Ich könnte euch stattdessen auch etwas in Salbeibutter anrichten, aber es wäre ja schade um die schöne Wirkung, wenn wir sie nicht in vollen Zügen genießen würden. Also, wer fängt an?", forderte Winfried.

Konrad scheute sich vor der Entscheidung, obwohl er wusste, dass die beiden anderen ihm das zuteilen würden, was sie für die unangenehmste Variante hielten. Also fragte er vorsichtig nach, welche Auswirkungen denn zu erwarten seien.

„Das hängt von dir ab, die Leute reagieren unterschiedlich darauf", klärte Winfried ihn über den Salbei auf. „Ich beschließe jetzt einfach, dass wir mal testen, wie du darauf reagierst."

Konrad wandte sich ab und suchte im Schrank nach einem geeigneten Topf, um seine Stechäpfel darin zu kochen und Zeit zu gewinnen, aber Thomas war schon zur Stelle, hielt den schmächtigen Konrad fest und drehte ihm die Arme auf den Rücken, während Winfried ihm die Kiefer auseinander drückte und ihm eine Handvoll Salbeiblätter in den Mund schob, sodass Konrad husten musste.

„Los, kauen und runterschlucken", kommandierte Winfried erbarmungslos. Konrad stellte seinen Widerstand ein und versuchte, die Blätter nur in die Wange zu schieben, aber Winfried hatte ihm so viel in den Mund geschoben und drückte jetzt auf seiner Wange herum, dass ihm nichts anderes übrig blieb, als Teile davon zu schlucken. Zufrieden ließ Winfried von ihm ab, nahm den Topf aus dem Schrank, den Konrad zuvor in der Hand gehabt hatte, und stellte ihn mit einem Viertelliter Wasser auf den Herd.

„Erzähl uns später, wie es wirkt, wir kochen in der Zwischenzeit deine Stechäpfel", ermahnte ihn Winfried.

Thomas hinderte ihn daran, die Schranktür zu schließen und nahm sich ebenfalls einen Topf, in dem er eine Muskatnuss mit Wasser zum Kochen brachte.

„Aber sag mal, hattest du nicht getönt, du seist der beste Koch von uns allen? Und dann stopfst du ihm einfach ein paar rohe Blätter in den Mund, mit denen du gar nichts vorher gemacht hast? Nicht mariniert, nicht gekocht, was soll das denn für eine feine Kochkunst sein?", fragte Thomas vorwurfsvoll. „Du hast es echt nicht drauf."

„Du vergisst, dass die Auswahl der Zutaten schon eine

Kunst für sich ist. Und es ist ja kein Zufall, dass gerade ich den Göttersalbei als meine Zutat ausgewählt habe, nicht wahr?"

Konrad würgte und spuckte, aber die beiden anderen sprangen wieder hinzu, hielten ihn fest und zwangen ihn, das Kraut zu schlucken.

„Ihr seid solche Spackos", fluchte Konrad und wischte sich den grünen Saft vom Kinn. „Dann steht ja wohl fest, dass Thomas meinen Stechapfel-Sud trinkt und Winfried dessen Muskatnuss-Aufguss. Was ist denn, wenn mir jetzt etwas passiert? Wollt ihr nicht einfach abwarten, bis die Wirkung bei mir aufhört und probiert dann die nächste Droge?"

Winfried lachte nur spöttisch. „Konrad, der Vernünftige mal wieder. Nein, mitgegangen, mitgehangen, wir versuchen es jetzt alle. Los, Thomas, trink das Zeug."

Aber Thomas schüttelte den Kopf und meinte, es dauere sicher länger, bis der Stechapfel ausgekocht sei. „Glaubst du wirklich, eine einzige Muskatnuss reicht?", fragte er Winfried.

„Ach was, für den Kleinen vielleicht, aber ich vertrage deutlich mehr. Wir sind doch Köche, hier muss doch irgendwo ein Mörser sein", sagte Winfried und blickte in mehrere Schränke.

Thomas meinte jedoch, so etwas gäbe es in ihrem Haushalt nicht, sie hätten nur diesen Fleischklopfer. Winfried nahm zwei weitere Muskatnüsse, hieb einige Male mit dem hölzernen Steakklopfer darauf und warf die Bröckchen ebenfalls ins kochende Wasser.

Sie beobachteten Konrad, dessen Gesicht plötzlich maskenhaft wirkte, während er am ganzen Körper zu schwitzen begann. Er fing an, wirr vor sich hin zu reden und forderte die beiden auf, ihm nicht näher zu kommen, sie würden ihn sonst zertreten. Plötzlich hieb er sich mit beiden Händen auf die Ohren und begann zu schreien, er könne sie nicht mehr hören.

„Wir haben ja auch nichts gesagt, du Spasti", schimpfte Winfried.

„Ey, krass, habt ihr diese affentittengeile Schnecke gesehen?", rief Konrad, schien aber das Gelächter seiner Freunde gar nicht hören zu können.

Thomas hatte zwei Tassen aus dem Schrank gegriffen und goss beide voll. Er reichte Winfried seinen Muskataufguss und setzte selbst den Stechapfeltee an die Lippen.

„Hau weg den Scheiß", sagte er und schüttelte sich angewidert, als der heiße Sud seine Geschmacksknospen erreichte. „Das Zeug ist viel zu heiß, das kann man nur schlückchenweise trinken", behauptete er und nippte nur vorsichtig.

„Sag mal, bist du ein Mann oder eine Maus?", fragte Winfried belustigt und trank seine Tasse mit Muskatnussaufguss zügig leer.

„Hier ist noch mehr", zog Thomas ihn auf und zeigte auf den Topf, in dem noch einmal genauso viel von dem intensiv schmeckenden Gebräu war.

„Die ganze Welt sieht aus wie ein Andy-Warhol-Gemälde. Blaue Haare, grüne Gesichter ... Warum macht ihr das?"

Sie beachteten Konrad gar nicht mehr. Winfried riss ein Fenster auf, um besser atmen zu können, trotzdem tropfte ihm der Schweiß von der Stirn. Er griff sich an die Brust und atmete schwer.

„Man kann dein Herz ja richtig schlagen sehen", sagte Thomas lachend und zeigte auf Winfrieds knochige Brust.

Doch plötzlich krümmte sich Thomas vor Übelkeit und beugte sich über das Spülbecken, konnte sich aber nicht übergeben. Plötzlich stieg er auf den Küchentisch und begann mit einer weit ausholenden Geste:

„Liebe Schülerschaft, hochverehrtes Lehrerkollegium." Er hielt eine Rede, die keinerlei Sinn ergab, redete aber ununterbrochen und ließ sich auch von Konrads panikartigen Schreien, sie sollten ihm nichts tun, nicht aus der Ruhe bringen.

Winfried wartete nicht darauf, wie sich die Wirkung entwickeln würde. Er goss sich den Rest aus dem Topf ein und beobachtete amüsiert, wie sich Konrad vor Angst wand, während es Thomas immer schwerer fiel, einen klaren Satz auszusprechen, der aber dennoch seine Rede unbeirrt fortführte. Er gestikulierte wild und als seine Hand an den Kronleuchter stieß, hielt er sich daran fest, da er das Gleichgewicht kaum noch halten konnte.

„He, ich habe wirklich null Bock auf dein Gelaber", schimpfte Winfried und versuchte vergeblich, Thomas zum Schweigen zu bringen, wobei er mit beiden Händen seinen hämmernden Kopf in seinen Armen verbarg und sich suchend umblickte.

So heftig, wie Konrads Salbei-Rausch begonnen hatte, so schnell war er auch wieder vorbei. Nach nicht einmal zwei Stunden hatte Konrad das Gefühl, wieder normal zu sein, fühlte sich dabei aber alles andere als göttlich. Er war nur glücklich, dass er sein Umfeld doch wiedererkannte und dass es noch da war, hatte der Rausch ihm doch vorgegaukelt, die Welt habe sich aufgelöst.

Konrad sah sich benommen um. Thomas kauerte wimmernd auf dem Tisch. Er roch sauer aus dem Mund, sagte aber nichts, zitterte nur vor Angst. Konrad stellte sich dicht vor ihn, aber Thomas erkannte weder seine Freunde noch sein Umfeld.

Konrad wusste, dass der Zustand 36 Stunden anhalten konnte.

Winfried lag bewusstlos auf dem Boden. Auch als Konrad ihn vorsichtig schüttelte, reagierte er nicht. Konrad fühlte seinen Puls, der kaum tastbar war. Ende nächster Woche war Abschlussprüfung. Auch wenn die beiden ihm nie etwas zutrauten, die Lehrer hatten sein Talent erkannt. Sie hatten ihm ein Empfehlungsschreiben für einen Sterne-Koch ausgestellt, bei dem er übermorgen am Vormittag ein Vorstellungsgespräch hätte. Konrad wusste, dass Winfried sich dort auch beworben hatte, das war sicherlich sein geheimnisvoller Termin am Montagnachmittag. Mit seinem selbstbewussten, eher schon selbstherrlichen Auftreten würde er die Leute für sich einnehmen, während Konrad viel zu bescheiden war, um andere für sich zu gewinnen. Leider hatte der perfekte Koch wohl übersehen, dass ein Muskatnuss-Koma mehrere Tage dauern konnte.

„Und Sie sind hier die Zugehfrau?", fragte der Polizist und ließ den Arzt durch, der sich um den jungen Mann auf dem Tisch kümmern wollte.

„Ick bin Ivanka, ick hab von drüben rüber jemacht un' putz jetzt hier, wa."

Der Polizist musterte sie. „Sie haben den jungen Mann also heute gefunden?"

Ivanka schüttelte den Kopf. „Zweie, der eene is' ja schon weg. Der war bewusstlos, scheinbar schon seit zwee Tagen."

Auch bei dem jungen Mann, der auf dem Tisch kauerte und sich nicht mehr herunter traute, weil er nicht schwimmen könne und an den Haien sowieso nicht vorbei käme, wechselten sich Weinkrämpfe und Bewusstlosigkeit ab.

„Waren noch mehr Leute an dieser Party beteiligt?", fragte der Polizist.

Aber Ivanka schüttelte den Kopf. „Es sieht jar nich nach ner Party aus, die beeden haben nur nen Tee jetrunken. Sonst war hier jar nüscht."

„Sie haben noch nicht gespült?"

„Hier war nüscht, alles picobello, bis auf die zwee Tassen."

Der Notarzt trat zu dem Polizisten. „Wenn die beiden 24 Stunden früher gefunden worden wären, hätten sie diesen Rausch besser überstanden, so kann ich noch nichts über die Folgeschäden sagen. Aber diese Woche haben wir die erst mal stationär."

Salbei

Als Azteken-, Götter oder Zauber-Salbei ist ein Kraut bekannt, das leicht mit gewöhnlichem Salbei verwechselt werden kann. In schamanischen Zeremonien wird er verwendet, um einen Rauschzustand mit lebhaften Visionen hervorzurufen. Er war bis 2008 in Deutschland frei verkäuflich, inzwischen fällt er unter das Betäubungsmittelgesetz.

Muskatnuss

Muskatnuss kennt jeder ganz einfach im Streuer oder als ganze Nuss mit der typischen Muskatreibe. Dabei wissen aber die wenigsten, dass schon 4 Gramm Muskatnuss Schweißausbrüche, Kopfschmerzen, Übelkeit und Gleichgewichtsstörungen auslösen können, 20 Gramm können zu schweren Delirien mit Halluzinationen, Orientierungslosigkeit und Gedächtnisstörungen führen, die über mehrere Tage anhalten.

Kartoffeln

Wir haben klassische Beilagen, die jeder schon einmal zubereitet hat und von denen jeder sagen würde, die sind ungefährlich. Es ist verwunderlich, wie Menschen im Laufe der Jahrtausende herausgefunden haben, in welcher Form welches Essen genießbar, schmackhaft, schädlich oder sogar tödlich ist. Vermutlich gab es zahlreiche Fehlversuche, bis klar war, dass rohe Kartoffeln und rohe grüne und rote Bohnen hochgefährlich sind. Wer ist wohl nach ersten tödlichen Versuchen auf die Idee gekommen, sie einfach zu kochen, braten oder irgendwie anders zu erhitzen, sodass sie nicht nur nicht schädlich, sondern außerordentlich schmackhaft sind?

Für rohe, grüne Kartoffeln gilt das gleiche wie für rohe Tomaten, nur dass heutige Kartoffelsorten einen Solanin-Gehalt von 3-7 mg pro 100 Gramm haben, wogegen unreife Tomaten 9-32 mg pro 100 Gramm enthalten. Solanin ist ein Alkaloid, ein natürlicher Schutz gegen Fraßschäden.

Bohnen

Rohe Bohnen dagegen, ganz egal ob Lima-Bohnen, rote Kidney-Bohnen oder unsere grünen Garten-Bohnen, enthalten Phasin, das durch kochen zerstört wird. Im rohen Zustand ruft Phasin allerdings Erbrechen, Durchfall, tonische Krämpfe, Schockzustände bis zu tödlichen Magen-Darm-Entzündungen hervor.

Maniok

In Deutschland ist es noch unüblicher, aber beispielswei-se auf Kuba gibt es fast täglich Maniok bzw. Yuca zu essen, eine Wurzelknolle, die der Süßkartoffel ähnelt. Roh kann die Knolle sehr giftig sein, da sie Aceton und Blausäure entwickeln kann. Blausäure verflüchtigt sich zwar bei Zimmertemperatur, gast dann aber aus. Daher sollte man die Knolle gut zerkleinert garen oder zu Mehl mahlen und mit kochendem Wasser auswa-schen. Ganz ähnlich ist übrigens der Blausäuregehalt von Jams, Süßkartoffel, Zuckerhirse, Bambus und Leinsamen.

Kastanien

Die meisten kennen den Unterschied, es gibt Rosskastanien, aus denen man im Kindergarten oder in der Grundschule Kastanienmännchen baut und die manche gegen Rheuma immer in der Hosentasche tragen. Daneben gibt es Esskastanien, Kesten oder Maronen, wie auch immer sie regional heißen. Schon das Saponin *einer* Rosskastanie kann zu Übelkeit, Bauchschmerzen, Erbrechen, Hautrötungen, erweiterten Pupillen, Angstgefühlen und Schläfrigkeit führen.

Glutamat

Bei dem beschriebenen Menü müssen Sie keine Angst vor dem China-Lokal-Syndrom haben, aber was ist das eigentlich?

Glutamat kommt in fast allen Lebensmitteln natürlich vor, in China-Lokalen, Kartoffelchips und Convenience-Produkten wird es häufig in hoher Dosierung künstlich beigemischt. Viele berichten beim Verzehr von Mundtrockenheit, Kribbeln oder Taubheit im Mund, Juckreiz am Hals, Herzklopfen, Nackensteife und so fort. Studien haben eindeutig widerlegt, dass Glutamat der Auslöser sein kann, und suchen diesen eher in den Zutaten wie Garnelen, Erdnüssen oder Sojasoße.

Bitterstoffe

Was haben Kaffee, Bier, Rucola, Rosenkohl, Rosmarin und Grapefruit gemeinsam?

Ein Viertel der Bevölkerung sind sogenannte Bitter- oder Superschmecker. Sie haben 425 Geschmacksknospen pro cm² entgegen 180 Geschmacksknospen bei Normalschmeckern. Für Bitterstoffe gibt es 25 verantwortliche Gene, für Süßes nur eins. Wir würden vielleicht lieber eine feinere Zunge für Schokoladen haben wollen, aber wichtig ist, giftige und gefährliche Speisen von anderen unterscheiden zu können, und diese schmecken wir meist mit den Bitterrezeptoren.

4. Gang:
Panna Cotta mit Tonkabohne und Himbeersoße

Zutaten:

>5 Blatt Gelatine
>
>800 ml Sahne
>
>70g Zucker
>
>1 Tonkabohne
>
>500 g gefrorene Himbeeren
>
>50 ml Trauben- oder Beerensaft oder auch
>>Rotwein oder Fruchtlikör

Gelatine im kalten Wasser einweichen. Die Sahne mit Zucker erwärmen und die Tonkabohne mit einer Muskatreibe hinein reiben und einmal kurz aufkochen. Nun die Gelatine in der Sahne auflösen und in hitzebeständige Gefäße wie zum Beispiel Tassen halb voll füllen und für ca. 2-3 Stunden in den Kühlschrank stellen.

Himbeeren mit Zucker aufkochen, bis sie schon etwas Flüssigkeit ziehen. Mit Saft, Wein oder Likör ablöschen. So lange kochen, bis die Himbeeren weich sind, dann mit dem Mixstab das ganze pürieren, auf Wunsch noch mit Zucker abschmecken und durch ein Haarsieb passieren. Mit dem Zucker bitte aufpassen, die Soße sollte nicht zu süß sein, da wir die Fruchtsäure brauchen, damit es schön stimmig mit der Panna Cotta ist.

Sobald die Creme gestockt ist, mit einem Messer am Rand entlang fahren und die Creme vorsichtig auf Teller stürzen. Mit Soße und ggf. Dekoration anrichten.

Krokant

Zutaten:

75 g Zucker

1 TL Butter

75 g gehackte Nüsse, Mandeln, Haferflocken oder
Sonnenblumenkerne

Backpapier

75 g Zucker in eine große Pfanne geben, auf mittlere Stufe, Zucker schmelzen lassen. Dabei zunächst nicht umrühren, sonst bräunt der Zucker ungleichmäßig.

Sobald der ganze Zucker flüssig ist, unter Rühren weiter erhitzen, bis er schäumt und Farbe annimmt. 1 TL Butter zugeben. So lange rühren, bis der Zucker hellbraun karamellisiert. Zum Rühren einen Holzlöffel nehmen, der leitet die Hitze nicht.

Nun rasch die gehackten Nüsse, Mandeln, Haferflocken oder Sonnenblumenkerne in die Pfanne geben. Kurz umrühren, bis alles vom Karamell umhüllt ist. Dabei zügig arbeiten, denn wenn der Karamell zu dunkel wird, verbrennt er und schmeckt bitter.

Die Karamellmasse schnell auf ein Stück Backpapier geben und mit einem Löffel möglichst flach verteilen.

Ein weiteres Stück Backpapier auf die Karamellmasse legen und alles mit einer Teigrolle flach ausrollen, solange der Karamell noch nicht ganz fest ist.

Die abgekühlte Karamellplatte mit einem Messer mit geölter Klinge zu gewünschter Größe hacken.

Tipp: Den fertigen Krokant luftdicht verpacken, zum Beispiel in einem Schraubglas. So kann er nicht weich werden und hält sich an einem kühlen Ort ca. 5-6 Wochen.

Die letzte Geschichte ist kein wirklicher Krimi, aber wer einmal bedient hat oder auch nur mit einer größeren Gruppe essen war, konnte sicher bei mancher Bedienung schon beobachten, dass sie zu einem Mord bereit wäre.

Intolerant ist in

Katharina studierte die Speisekarte und legte sie angewidert weg.

„Wieso konntet ihr kein anderes Lokal für unser Klassentreffen aussuchen?", fragte sie vorwurfsvoll in die Runde. Alle sahen sie entgeistert an. Das Restaurant hatte einen hervorragenden Ruf. Es war weit über die Stadt hinweg bekannt und hatte dennoch ein gutes Preis-Leistungs-Verhältnis behalten.

„Wo ist dein Problem?", fragte Nele und jeder am Tisch setzte in Gedanken ein „mal wieder" hinzu, aber Nele war schon damals aufgrund ihrer diplomatischen Art Jahr für Jahr zur Klassensprecherin gewählt worden.

„Ach, unsere Primadonna macht mal wieder Stress", lästerte Ronja dagegen in ihrer bekannt verletzenden Art. In den zehn Jahren seit ihrem Abschluss der zehnten Klasse schien sich nichts an den Eigenarten und den Konstellationen geändert zu haben. Saskia war schon mit ihrem zweiten Kind schwanger, was niemanden gewundert hatte. Nicola hatte wegen eines Auslandsaufenthaltes nicht kommen können. Benedikt hatte die Nachtschicht eines erkrankten Kollegen übernommen und dafür auf sein eigenes Vergnügen verzichtet. Sonst waren wirklich alle da und saßen in den gleichen Grüppchen zusammen wie damals schon.

Die Bedienung trat an den Tisch und fragte, ob alle bereits gewählt hätten.

Philipp bestellte ein Steak, blutig mit vielen Zwiebeln.

„Dann musst du dich aber woanders hinsetzen, ich ertrage es nicht, wenn jemand neben mir Fleisch isst, und dann auch noch so", fauchte Katharina.

„Langsam, Diva, du kannst abwarten, was die anderen bestellen, und setzt dich dann zu den anderen Vegetariern", entgegnete der Berufssoldat.

„Wisst ihr, dass es inzwischen je nach Quelle rund zehn Prozent Vegetarier und über eineinhalb Prozent Veganer in Deutschland gibt?", dozierte der Klassenprimus, dem schon früher niemand Gehör geschenkt hatte. „Das sind über eine Million Veganer, das muss man sich einmal vorstellen."

Die Bedienung nahm die Bestellungen der Reihe nach auf und Katharina horchte genau hin, wer was bestellte. Als sie als letzte an die Reihe kam, schlug sie demonstrativ die Speisekarte noch einmal auf und zeigte vage auf das überschaubare Essensangebot.

„Haben Sie wirklich nichts Veganes?", fragte sie, als sei das ebenso unverständlich wie eine Frittenbude ohne Fritten.

„Beim Salat könnten wir die Garnelen und den Lachs

weglassen", schlug die Bedienung kooperativ vor.

„Joghurtdressing, sagen Sie mal, geht's noch?", blaffte Katharina sie an.

„Nudeln mit Pesto vielleicht?", fiel der Bedienung ein.

Katharinas Augen verengten sich. „Etwa Eiernudeln?"

Die Bedienung zuckte die Schultern.

„Mensch, Katha, jetzt stell dich doch nicht so an, wie wäre es denn mit einem Wrap?", rief Ronja genervt über den Tisch.

„Der ist bestimmt nicht glutenfrei", wandte diese ein.

Philipp rückte ungeduldig seinen Stuhl nach hinten. „Entschuldigung, könnten Sie unsere Bestellung vielleicht schon einmal an die Küche weitergeben, mir hängt der Magen auf den Knien."

Alle murmelten zustimmend und die Bedienung wandte sich dankbar ab und ging zur Theke, wo sie die Bestellung routiniert eintippte.

Die Gespräche am Tisch waren wieder aufgenommen worden, alle erzählten, wo und wie sie jetzt lebten, zeigten Fotos wahlweise von ihren Partnern, ihren Kindern, ihren Katzen, Autos oder Fernreisen.

Nur mit Katharina sprach niemand, die blätterte stattdessen verbittert die Speisekarte durch.

Als die Bedienung zurückkam, orderten die ersten schon ihr zweites Getränk, während Katharina noch immer auf dem Trockenen saß.

„Sagen Sie, haben Sie stilles Wasser etwa von Nestlé? Sie wissen, wie sehr dieses Unternehmen den freien Zugang zu Wasser in notleidenden Ländern verweigert und die dortige Bevölkerung ausbeutet."

Die Bedienung lächelte tapfer. „Darf es alternativ ein Glas Leitungswasser sein?"

„Sie zahlen rund sieben Euro für tausend Liter und von mir verlangen Sie dann zwei Euro für ein Glas, nehme ich an."

Das Lächeln gefror der Bedienung.

„Ich lade dich ein, schreiben Sie das Wasser auf meinen Deckel", bot Nele an, um Harmonie bemüht.

Aber Katharina fuhr sie an, sie sei nicht auf Almosen angewiesen, es ginge hier ums Prinzip.

„Für Sie geht das Wasser gerne aufs Haus. Kann ich noch etwas für Sie tun?"

Ronja rief unter lautem Gelächter ihres getreuen Fußvolkes aus Schulzeiten: „Sie könnten Ihr ein wenig Puderzucker in den Hintern blasen, aber sie könnte allergisch auf Glukose reagieren."

Katharinas Augen sprühten Funken zur linken Seite.

An der Theke zeigte ein Klingelzeichen an, dass Essen aufgetragen werden könnte. Die Bedienung wandte sich dankbar ab und kam mit den ersten Beilagensalaten wieder. Niemand zögerte, mit dem Essen zu beginnen. Wer keinen Salat hatte, nutzte die Gelegenheit, das Wort zu ergreifen. Sie erzählten Anekdoten aus dem Studium und der Ausbildung, erste Erfahrungen fernab der Heimat und von vergangenen und neuen Beziehungen. Den Schwerpunkt aber bildeten Geschichten aus der gemeinsamen Schulzeit. Die meisten Sätze begannen mit „Wisst ihr noch ...?" und es wurde viel gelacht und zur Freude der Bedienung auch viel getrunken, was sich positiv auf ihr Trinkgeld auswirken sollte.

Alle waren entspannt und ausgelassen. Na, fast alle, eine kleine Frau...

„Ich möchte den Koch sprechen", rief Katharina durch das Lokal zur Theke, wo die Bedienung gerade eine weitere Runde Getränke zusammenstellte.

Die Dame hinter der Theke hob beschwichtigend die Hand und kam selbst zum Tisch. Sie fragte, wie sie Katharina helfen könne, sie sei die Besitzerin, aber Katharina ließ sich nicht beirren, sie wolle jetzt den Koch sprechen. Es müsse doch möglich sein, in einem solchen Lokal etwas zu essen zu bekommen, sie würde das sonst auf Facebook, Trip advisor und am liebsten auch in der Tageszeitung publik machen.

Die erfahrene Wirtin ließ sich nicht aus der Ruhe bringen.

„Zum einen mangelt es bei uns sicher nicht an Essen, das kann ich also ganz einfach entkräften. Zum anderen ist unser Koch gerade dabei, die Essen für Ihre Tischgesellschaft und weitere Gäste fertig zu machen, da müssen Sie entweder mit mir vorlieb nehmen oder sich ein wenig gedulden."

Katharina schlug vor, selbst in die Küche zu gehen und mit dem Koch zu sprechen und reagierte erbost und völlig verständnislos, als die Wirtin auf Hygienevorschriften verwies, die den Zugang von nicht zertifizierten Kräften in der Küche leider nicht erlaubten.

Die letzten beiden Essen am Tisch brachte ein Mittdreißiger mit rasiertem Schädel und einem Goldkreuz auf der üppig bewachsenen, breiten Brust. Die Damen stupsten sich gegenseitig an und warfen der imposanten Erscheinung bewundernde Blicke zu. Seine Kochjacke spannte über den muskulösen Bizeps, seine Hände schienen die Größe von Kuchentellern zu haben. Er hatte sich bücken müssen, um aus der Küche in die Gaststube zu treten, und fragte mit einer sonoren Stimme, die den Damen Schauer über die Rücken laufen ließen, wer das Hühnerbrüstchen in Weißweinsoße bekäme und wer die gratinierten Zucchini.

„Wie kann man denn im Angesicht von diesem Fleisch Veganer sein?", entfuhr es Ronja, die unverhohlen den Koch und nicht die Teller anstarrte.

Der musterte sie nur belustigt und ließ seinen Blick über die Gesellschaft streifen.

„Mal ehrlich, Katha muss doch gewusst haben, wie der Koch aussieht, sonst hätte sie den doch nicht extra kommen lassen", raunte ihre Tischnachbarin Ronja gut hörbar zu. „Beim nächsten Mal verzichte ich freiwillig auf das Fleisch auf meinem Teller, wenn ich dafür so viele Muskeln zu sehen bekomme".

„Katha, denk dran, kein Fleisch für dich!", mahnte Ronja, aber Katha schien ihre Gedankengänge gar nicht nachvollziehen zu können, so verbissen hielt sie an ihrer These fest, jedes Lokal müsse für jede Form von Unverträglichkeiten etwas parat haben.

„Bei Unverträglichkeiten sind wir sehr kooperativ, bei Intoleranzen hört der Spaß allerdings auf", argumentierte der Koch mit einem leicht spöttischen Lächeln.

Während alle mit Appetit kauten, diskutierte Katha mit dem Küchenchef, was er ihr bringen könnte. Er hatte auf jeden ihrer Einwände eine Erwiderung und ließ sich nicht aus der Ruhe bringen. Als er wieder in der Küche verschwand, saß Katha noch immer auf dem Trockenen. Sie gab die eine oder andere bissige Bemerkung von sich und faselte von Glutamat und Farbstoffen, was aber niemanden beeindruckte. Sie verließ dann demonstrativ das Lokal, als sie Philipps blutiges Steak realisierte.

Als alle ihre Teller leer gegessen hatten und sich den Mund abgewischt hatten, kam endlich Kathas Essen, persönlich vom Koch serviert. Es roch genauso verführerisch, wie er aussah. Katha ließ sich die Zutaten aufzählen, um sicher zu gehen, dass er sich auch an ihre Anweisungen gehalten hatte.

„Ich hätte ihr irgendwas richtig Fieses untergemischt", sagte Ronja.

„Du hast dich auch kein bisschen verändert", sagte Philipp und rülpste vernehmlich in Kathas Richtung.

Die aß verbissen ihr Essen. Es duftete exotisch und Katha aß höchstens die Hälfte der beachtlichen Portion.

Als die Bedienung nach Kaffee oder Schnaps fragte, machte schnell der Wunsch nach einer Nachspeise die Runde und die Bedienung brachte noch einmal die Speisekarten.

„Katha, du hast die Speisekarte doch inzwischen auswendig gelernt, was kannst du uns denn empfehlen?", rief Ronja quer über den Tisch, was Katha mit einem giftigen Blick quittierte, sie aber nicht vom Essen abhielt.

Die Bedienung nahm alle Bestellungen entgegen, ignorierte Katharina dabei aber.

Als sie sich gerade vom Tisch abwenden wollte, rief diese ihr hinterher: „He, mich wollen Sie wohl nicht fragen?"

Man konnte sehen, wie die Bedienung tief einatmete und versuchte, Ruhe zu bewahren.

„Bitte entschuldigen Sie, ich kenne ja unser Angebot, da dachte ich nicht, dass etwas für Sie dabei wäre. Womit kann ich Ihnen weiterhelfen?", fragte sie bemüht freundlich.

„Bringen Sie mir ein Panna cotta mit Mandelgebäck", forderte Katharina.

„Die Sahne ist bestimmt nicht laktosefrei", meinte der Klassenprimus.

„Oh, Gluten im Gebäck", spottete Ronja.

„Und Eier", sagte Philipp und griff sich nicht ganz zufällig in den Schritt.

„Na und, beim Nachtisch mache ich immer eine Ausnahme. Wie engstirnig seid ihr eigentlich", sagte Katharina und orderte dazu noch einen Cappuccino.

„Wenn du wenigstens nur bei Gluten und Laktose intolerant wärst, könnte man dich vielleicht noch ertragen", murmelte jemand am Tisch.

Tonkabohne

Die Tonkabohnen haben wahrscheinlich die wenigsten bislang selbst verarbeitet. Sie ist beliebt wegen ihres Geruchs nach Vanille, weshalb die Venezolaner schon im 18. Jahrhundert Tonkabohnen wegen des frischen Dufts zwischen die Wäsche gelegt haben. Auch zur Herstellung von Parfums und Kerzen werden sie gerne verwendet. 1981 wurde die Verwendung in der Küche in Deutschland vollständig verboten, seit 1991 wurde dieses Verbot aber zum Teil aufgehoben. Wenn man zum Beispiel ein bis zwei Bohnen mit einem Liter Milch zehn Minuten kocht, was man übrigens bis zu zehn Mal machen kann, ist die Tonkabohne völlig unschädlich. Solange also nicht mehr als 5-50 Milligramm pro Kilo in erhitzter Form verwendet werden, ist die Tonkabohne unschädlich und erlaubt, sonst enthält sie eine zu hohe Kumarin-Konzentration, ähnlich wie der folgende Stoff:

Zimt

Was jeder völlig unüberlegt verwendet, ist Zimt. Bei uns gibt es Zimt meist als Pulver, manche nutzen auch Zimtstangen, die in Wirklichkeit Rindenstücke des Zimtbaums sind. Cassia-Zimt enthält aber eben dieses Kumarin, das in Konzentrationen von mehr als 0,1 Milligramm pro Kilo Körpergewicht Leber- und Nierenschäden bewirken könnte.

In letzter Zeit kam die Warnung auf, man dürfte nicht mehr als 4 Zimtsterne oder einen Lebkuchen bedenkenlos essen. Das mag wegen Zucker und Fett sinnvoll sein, der kritische Kumarin-Wert wird damit aber bei Weitem nicht erreicht.

Bittermandel

Noch ein wenig Mandelgeschmack ans Panna Cotta, weil es so schön herbstlich, fast schon weihnachtlich anmutet? Dass ungekochte Bittermandeln wegen der Blausäure tödlich sind, ist weithin bekannt, aber die Menge ist den wenigsten bekannt. Man müsste eine Bittermandel pro Kilo Körpergewicht essen, was aber aufgrund des bitteren Geschmacks praktisch ausgeschlossen werden kann.

Physalis

Zur Dekoration hatten wir eine Physalis oder Kap-Stachelbeere. Die wachsen auch bei uns unter dem Namen Lampionblume. Aber Vorsicht bei den verschiedenen Sorten, die blaue Lampionblume wird auch Giftbeere genannt, alle Pflanzenteile und die unreifen Früchte sind giftig, die reifen Früchte allerdings nicht. Die Beeren enthalten jedoch Bitterstoffe, die Reizungen des Magen-Darm-Traktes hervorrufen.

Alkohol

Nach dem Essen wäre es natürlich naheliegend, einen kleinen Schnaps gegen das Völlegefühl zu trinken. Da muss ich Sie enttäuschen, Alkohol entspannt zwar kurzfristig die Magenmuskulatur und scheint daher wohlzutun, in Wirklichkeit hemmt er aber die Verdauung. Der Geschmack von Kräutern oder Kümmel gaukelt uns eine bessere Verdauung vor, es handelt sich laut Wissenschaftlern aber nur um einen Placebo-Effekt.

Ein altes Sprichwort sagt: Der Hunger rafft weniger dahin als der Fraß. Gewichtszunahme und schlechte Cholesterinwerte dürften als Folge dieses schmackhaften Essens weit wahrscheinlicher sein als irgendwelche gesundheitlichen Beeinträchtigungen durch unsachgemäßen Umgang mit den Lebensmitteln. Aber jeder achtet vielleicht in Zukunft ein wenig sorgsamer darauf, was er in welcher Form verwenden kann. Und sollte es nach dem Essen doch einmal zu einer kleinen Nebenwirkung kommen, mag man jetzt vielleicht eine Ahnung haben, woran es gelegen haben könnte.

Ich freue mich, dass Sie sich auf die Giftküche eingelassen haben, und kann nur sagen: Leben Sie wohl!

Die wichtigsten Quellen zum Nachlesen

- https://www.welt.de/wissenschaft/article161775043/Litschis-verursachen-mysterioeses-Massensterben-in-Indien.html
- https://www.gewuerzwunder.de/die-15-giftigsten-gewurze/
- http://www.bild.de/ratgeber/gesundheit/die-zehn-toedlichsten-lebensmittel-11713626.bild.html#fromWall
- http://www.gesundheitstabelle.de/index.php/schadstoffe-gifte/gifte-lebensmittel
- https://www.zentrum-der-gesundheit.de/zimt.html
- https://www.lebenwohl.de/12-giftige-lebensmittel-die-wir-haufig-essen/4/
- http://www.gizbonn.de/284.0.html
- http://de.drogen.wikia.com/wiki/Liste_der_psychoaktiven_Pflanzen_und_Pilze
- http://www.stern.de/genuss/essen/diese-acht-lebensmittel-gehoeren-zu-den-gefaehrlichsten-der-welt-3246596.html
- http://www.apotheken-umschau.de/Magen/Verdauungsschnaps-Maer-oder-Medizin-436503.html
- http://www.ichkoche.at/wie-unterscheidet-man-baerlauch-vom-maigkoeckchen-artikel-3107
- https://www.gewuerzwunder.de/die-15-giftigsten-gewurze/

- http://www.n-tv.de/wissen/Fakten_und_Mythen /Nahrung-die-gefaehrlich-sein-kann-article15864806. html
- https://www.welt.de/wissenschaft/article702855/Gew uerze-mit-Risiken-und-Nebenwirkungen.html
- http://www.drug-infopool.de/rauschmittel/ muskatnuss.html
- http://www.drug-infopool.de/rauschmittel/salvia_ divinorum.html
- http://www.drug-infopool.de/rauschmittel/stechapfel. html
- http://www.vital-arzt-praxis.de/index.php?option=com _content&view=article&id=210:die-er
- http://www.gartendatenbank.de/forum/rucola-und-kreuzkraut-unterscheiden-giftpflanze-im-rucola-t-1137-1
- https://de.wikipedia.org/wiki/Durian
- https://de.wikipedia.org/wiki/Kartoffel
- http://www.gartenjournal.net/borretsch-giftig

Die Autoren

Moni Reinsch, geb. 1968 in Trier, schreibt gemeinsam mit ihrem Sohn Simon (24) Regionalkrimis und kriminelle Kurzgeschichten, sehr gerne zu aktuellen Themen, aber auch zu historischen Figuren oder Wein. Aktuell arbeitet sie an ihrem fünften Kriminalroman und hat in verschiedenen Anthologien veröffentlicht.

Derzeit bietet sie literarische Kochkurse mit dem Menü mit tödlichen Zutaten aus der Giftküche an. Wenn sie nicht schreibt oder vorliest, organisiert sie ein großes Trierer Weinfest, verreist mit ihrem Mann oder kocht und isst leidenschaftlich gerne. Zwei ihrer Romane entstanden in Schreibstipendien der Franz-Edelmaier-Stiftung für Literatur und Menschenrechte in Südtirol, Italien.

Hildegard Scholtes ist Hauswirtschaftsmeisterin, sie arbeitete siebzehn Jahre selbstständig, war Kantinenpächterin im Finanzamt Trier und in der LBB.

Seit 25 Jahren bietet sie mit großem Erfolg Kochkurse an.

Weitere Bücher von Moni Reinsch

Feuer über der Mosel
KBV-Verlag, 2016
Tage der Gewalt in der ältesten Stadt Deutschlands
Trier hat in der Vergangenheit viel Schlimmes gesehen. Aber in der Gegenwart wüten erneut die Flammen der rechten Gewalt.

Moselruh
KBV-Verlag, 2015
Ein Mord gerät in Vergessenheit
Ein Toter im Demenzaltersheim am Moselufer in der Nähe von Mehring ist an sich nichts Ungewöhnliches. Alle waren dabei – aber niemand kann sich erinnern.

Tief im Hochwald
Emons-Verlag, 2013
Tief im Hochwald gibt es nicht nur den malerischen Ruwer-Hochwald-Radweg und den abwechslungsreichen Saar-Hunsrück-Steig, sondern auch einen Serienmörder, dessen Taten das verschlafene Dorf Hellersberg erschüttern.

Kurzgeschichten in folgenden Anthologien:

Im Visier: Nero
BoD, 2016
In kurzen Geschichten und Gedichten wird Neros Geist in der heutigen Zeit zum Leben erweckt.

Mittelmosel Bittersüß
Ammianus-Verlag, 2016
Eine literarische Auslese von Trier bis Traben-
Trarbach

Tatort Eifel 6
KBV-Verlag, 2017
Es könnte alles so friedlich und beschaulich sein
in der Eifel, wenn dieser Landstrich nicht mit
bestechender Regelmäßigkeit von Krimiautorin-
nen und -autoren heimgesucht würde.

Tatort Eifel 5
KBV-Verlag, 2015
Unbestritten ist die Eifel Deutschlands Krimi-
landschaft Nummer Eins.

Mörderisches Moseltal
KBV-Verlag, 2014
Wasser, Wein und Blut – die Mosel und ihre fins-
teren Geheimnisse

Hochbegabt oder gescheit gescheitert
BoD, 2007, Sachbuch
Der Wegweiser im positiven Umgang mit hoch-
begabten Kindern. Das Standardwerk für Eltern,
ErzieherInnen und Lehrkräfte.

Dank

Wir danken unseren Test-Köchen und Zuhörern vom 9.6.17 in der Kath. Familienbildungsstätte Trier für Ihr Feedback und die Fotos.

Außerdem danken wir für die vielen Anregungen, welche Lebensmittel gefährlich sein könnten.

Dem Einkaufszentrum Auchan in Luxembourg danken wir für die Sondergenehmigung, in ihrer Lebensmittelabteilung mit Begleitung aus der Geschäftsleitung fotografieren zu dürfen.

Ich danke meinem Mann Marcus für seine stete Unterstützung. Liebe geht bekanntlich auch durch den Magen.